Visualisierung

Mit der Kraft der Gedanken Zufriedenheit & Erfolg anziehen Anziehungskraft & positive Psychologie nutzen Selbstzweifel, schlechte Laune & negative Gedanken ablegen Glaube an dich Buch

Inhaltsverzeichnis

Visualisierung – endlich mehr erreichen und erfolgreich sein

Das Schlagwort Visualisierung ist in vielen Bereichen in aller Munde und bedeutet nichts anderes, als das Sichtbarmachen oder Veranschaulichen von abstrakten Zusammenhängen, Daten und Texten, die in eine grafische, verständliche und mit dem Auge erfassbare Form gebracht werden.

Die Kunst der Visualisierung wird dafür eingesetzt, um Worte in Bildern darzustellen, Gedanken aufzuzeigen und gleichzeitig den Verstand anzuregen, sowie die Vernunft anzusprechen. Dabei werden Gedanken zu Bildern geformt, deren Botschaft gleichermaßen beide Gehirnhälften auf verständliche Weise einbeziehen.

Die Bilder veranschaulichen nicht nur die Idee, sondern dienen als Ergänzung zum Text. Es kommt eher selten vor, dass nur Bilder Träger einer bestimmten Botschaft sind.

Der Begriff Visualisierung bezeichnete ursprünglich eine Technik, die bei der Meditation angewendet wird.

Mittlerweile wird das Schlagwort in der modernen Sprache für die zahlreichen Methoden von Darstellungen komplexer Inhalte in vielen Bereichen verwendet.

Beim Lernen kommt die Methode auch zum Einsatz, um schwierige Sachverhalte besser begreifen und abspeichern zu können. Visualisierung wird auch bei Sportlern und Leistungsträgern eingesetzt, um die Motivation zu stärken.

Als Erfolgsrezept für den Job wird die Vorstellungskraft eher skeptisch gesehen. Es gibt aber wiederum Dinge, die für die Visualisierung sprechen. Das Sichtbarmachen umfasst dabei sechs Schritte. Im ersten Schritt schreiben Sie Ihre Ziele auf und verwenden dafür nur 3 Worte. Für diese Worte suchen Sie sich Symbole aus, die Sie anschließend anordnen. Im folgenden Schritt malen Sie selber das Bild nach und verinnerlichen sich die dazugehörigen Gefühle. Nachdem Sie diese erreicht haben, werden die nächsten Schritte visualisiert.

Grundsätzlich hört sich das Ganze ja sehr einfach an. Doch was steckt hinter dem Veranschaulichen und Sichtbarmachen?

Dieser Frage und den vielen Möglichkeiten, wie Visualisierung funktioniert, wird nachfolgend auf den Grund gegangen.

Visualisierung: Ursprung und Bedeutung im Beruf

Im Ursprung erfolgte die Prägung der Begrifflichkeit durch spirituelle Ansichten und Religionen. Genauso kommt das Veranschaulichen in der Psychologie zum Einsatz,

um veränderungswürdige Verhaltensweisen darzustellen und aufzuzeigen, die das Leben und Allgemeinbefinden negativ beeinflussen. In beiden Bereichen wird sie als Technik der Meditation eingesetzt und hilft dabei, eigene Wünsche und Ziele zu erfüllen.

Im beruflichen Alltag erfolgte später eine Abwandlung des Begriffs. Dort findet er hauptsächlich als Technik für Präsentationen Verwendung. Es werden damit komplexe Sachverhalte dargestellt und zum Lernen genutzt. Auch wenn sich das Verständnis von Visualisierung in diesen beiden abweichend voneinander gestaltet, das Prinzip beruht auf der gleichen Basis. Ideen, Visionen, Wege, Ergebnisse und Ziele werden für andere Menschen und vor allen Dingen für sich selbst sichtbar gemacht.

Es gibt verschiedene Möglichkeiten, um Projekte, Objekte, Ideen und Visionen in Darstellungen und Bildsprache umzusetzen.

Dazu gehören beispielsweise einfache Grafiken, in denen komplexe Inhalte dargestellt werden.

Das Publikum versteht auf den ersten Blick, welcher Kernpunkt hinter einem komplexen Sachverhalt, einem Projekt, Idee oder Objekt verborgen liegt. Das Gleiche gilt auch für Sie selbst. Auch beim Lernen ist Visualisierung erfolgversprechend.

Indem Sie beispielsweise Vokabeln oder wichtige Informationen ausschreiben, werden diese visualisiert. Damit trainieren Sie Ihr Gedächtnis, wodurch größere Lernerfolge entstehen.

Methoden und Techniken für die Visualisierung

Für die Visualisierung lassen sich unterschiedliche Methoden und Techniken verwenden. Die Umsetzung gelingt Ihnen gut mit folgenden Varianten:

- **Mind-Map**

Der englische Begriff Mind-Map bedeutet nichts anderes als Gedankenlandkarte oder Gedächtnislandkarte.

Die dahinterstehende kognitive Technik, die ihre Prägung von Tony Buzan erhalten hat, dient zur visuellen Darstellung und Erschließung eines Themengebietes, für die Planung und kann auch für Mitschriften verwendet werden. Hilfestellungen soll dabei das Prinzip der Assoziation sein, wo sich Gedanken frei entfalten und gleichzeitig die Fähigkeit der Kategorienbildung des Gehirns genutzt wird. Die Erstellung und das Lesen einer Mind-Map erfolgt nach bestimmten Regeln.

Sie ist übersichtlich, einfach und gut strukturiert. In der Mitte befindet sich das Projektthema oder ein Symbol.

Ausgehend davon werden Nebenaspekte und Unterpunkte mit Schlüsselwörtern oder Schlüsselbegriffen aufgezeigt.

Durch eine Konstruktion von Linien stellen Sie dar, in welcher Beziehung diese Punkte zum Hauptthema stehen und untereinander verbunden sind. Um die Aussagekraft zu steigern, lassen sich zusätzlich Pfeile und Farben einsetzen.

▯ Flipchart

Beim Brainstorming in der Gruppe oder bei einem Meeting ist dieses eine gute Visualisierungsmethode. Als wichtige Regel gilt dabei, dass jeder eine Idee vorschlagen darf, ganz gleich, wie absurd sie auch ist. Sie wird in einem Schlüsselwort aufgeschrieben, ohne Kritik zu äußern oder darüber zu diskutieren. Es gibt keine spezielle Anordnung für die Ideen und können mit Linien und Pfeilen in Verbindung gebracht werden. Überraschenderweise ergeben sich einzigartige Ergebnisse, die keiner vorhergesehen hat. Flipcharts sind auch ideal bei Vorträgen und Seminaren, um Grafiken darzustellen oder Fragen zu erläutern.

▯ Grafiken

Mit dieser Technik lassen sich Zahlenberichte und Statistiken in geometrischen Formen darstellen. Dabei werden durch Diagramme komplexe Zahlenverhältnisse auf einen Blick verdeutlicht. Da nicht viel Text und keine langen Zahlenreihen vorhanden sind, haben die bildlichen Darstellungen eine hohe Informationsdichte. Selbst Laien fällt es nicht schwer, Diagramme zu lesen.

▯ Aufschreiben

Das Aufschreiben von Notizen, Gedanken, Ideen und Zielen ist auch eine Art von Visualisierung. Dabei tragen Sie Fakten, Informationen, Gedanken und Daten auf einem Blatt Papier zusammen. Die Aufzeichnung besteht aus Schlagwörtern oder kleinen grafischen Darstellungen. Diese Art der Veranschaulichung trainiert das Gedächtnis, bringt Struktur und Ordnung in das Gedankenchaos, um anschließend wieder einen klaren Gedanken fassen zu können.

Sie spielen nicht mehr alle Eventualitäten, Möglichkeiten und Chancen im Kopf durch, sondern nutzen die digitalen Möglichkeiten oder Stift und Papier, um Ihre Gedanken sichtbar zu machen.

▯ Kanban Board

Ein Kanban Board ist nicht nur im Job ideal, um Aufgaben in drei Spalten zu visualisieren, sondern auch um sich persönlich weiterzuentwickeln. Die Grundlage für beide Einsatzbereiche ist die Gleiche. Die drei Spalten umfassen:

- Aufgabe, Wunsch oder Ziel
- Bearbeitung
- erledigt

Auf Haftnotizen oder Karteikarten wird die jeweilige Aufgabe notiert und nach Fertigstellungsgrad in der passenden Spalte befestigt. Diese einfache Methode ist sehr wirkungsvoll.

Eigentlich ist das Kanban Board nichts anderes als eine To-do-Liste, mit der sich der Workflow deutlich verbessert. Fortschritte lassen sich besser überwachen und steuern. Beruflich hat ein Kanban Board das Ziel, Aufgaben und Projektabläufe besser zu veranschaulichen. Sie lassen sich der Reihe nach abarbeiten. Für Ihre persönliche Weiterentwicklung in allen Bereichen, notieren Sie Ihre individuellen Wünsche und Ziele und schreiben auf, wie der Stand der Entwicklung ist. Ist ein Wunsch erfüllt oder ein Ziel erreicht, visualisieren Sie dieses in der „Erledigt" Spalte.

Das Kanban Board ist keine hochwissenschaftliche Angelegenheit. Trotzdem ist es sehr wirkungsvoll. Die mittlere Spalte können Sie um vielerlei Zwischenschritte und Analysepunkte erweitern. Gleichzeitig können Sie die Karten in diesem Bereich um Anmerkungen und Aufgaben erweitern. Damit haben Sie über den gesamten Entwicklungsprozess und sämtliche Zwischenergebnisse immer einen guten, transparenten Überblick.

Nutzen Sie das Kanban Board für Projektarbeit, haben alle Teammitglieder alle Zwischenstände transparent vor Augen. Zudem können Sie unterschiedlich farbige Zettel einzelnen Mitarbeitern zuweisen. Dadurch erkennen Sie relativ schnell,

- welche Person gerade etwas macht
- wo wer steht
- wer eventuell unterstützt werden muss
- wer Zeit hat, anderen aus der Gruppe zu helfen

Visualisierung für das eigene Weiterkommen nutzen

Sichtbarmachen und Veranschaulichen ist nicht nur bei Präsentationen, der Darstellung von Arbeitsfortschritten und beim Lernen ideal, sondern kann auch dabei helfen, im Beruf und Privatleben erfolgreicher zu sein. Denn mit Visualisierung nutzen Sie eine starke Motivationstechnik, die auch von Coaches und Trainern zum Erreichen von Zielen empfohlen wird.

Der Grundgedanke dabei ist, dass Sie ein klares, gedankliches Bild davon haben, wie Sie das Ziel erreichen. Damit kommen Sie diesem schon ein ganzes Stück näher. Leider ist es nicht ganz so einfach, da beim Visualisieren auch Schwierigkeiten auftreten können. Sie begründen sich darauf, dass das menschliche Gehirn in Bildern denkt. Alles, was Sie sich vorstellen, läuft wie ein Film in Bildern vor Ihrem inneren Auge ab. Komplexe Informationen und die Zusammenhänge werden als einfache Gesamtheit verarbeitet. Jeder Mensch visualisiert ständig. Leider macht er das oftmals auf die falsche Art und Weise.

Es werden sich die schlimmsten Szenarien vorgestellt, die ein bevorstehendes Ereignis bereiten könnte. Es entsteht ein wahrer Horrorfilm, der Oscar-Potenziale hat. In bunten Bildern zeigen sich ungeahnte Probleme. Sie stellen sich die Frage, was im Worst Case alles auf Sie zukommen kann. Ihre Einstellung und die Denkweise rutschen ins Negative. Ihr Handeln wird von Angst bestimmt, anstatt das Beste geben.

Soll Visualisierung aber dafür genutzt werden, um den eigenen Erfolg zu puschen, brauchen Sie neben positiven Bildern auch eine klare Vorstellung, wie Sie Ihr auserkorenes Ziel erreichen können.

Ein kleines Beispiel zur Veranschaulichung:
Sie möchten gerne im Job eine höher dotierte Stelle besetzen. Von alleine wird niemand auf Sie zukommen und Ihnen die freie Position anbieten. Also müssen Sie die Initiative ergreifen, einen Termin mit dem Personalchef vereinbaren und über das Thema reden. Sie sind jetzt derjenige, der dafür verantwortlich ist, mit welchen Bildern Sie in den Termin beim Personaler gehen.

Sie können sich natürlich Bilder ausmalen, dass der Personalchef unzählige Gründe aufzählt, die dagegensprechen, mit Ihnen die höher dotierte Position zu besetzen.

Genauso können Sie sich ausmalen, dass er Ihnen ganz offen sagt, dass Sie für diesen Posten nicht geeignet sind. Anstatt dieser negativen Gedanken sollten Sie besser visualisieren, mit welchen Argumenten Sie überzeugen können, damit der Personalchef Ihrer Meinung ist. Stellen Sie sich Ihre guten Leistungen und Ergebnisse vor, mit denen Sie schon über einen langen Zeitraum positiv auffallen. Solche Gedanken sorgen dafür, dass Sie positiver und selbstbewusster in den Dialog gehen. Sie tragen vorweg mit den positiven Gedanken dazu bei, dass Sie erfolgreich sind und das gewünschte Ziel zuwege bringen.

Das Unterbewusstsein baut bei der Visualisierung ein realistisches Bild auf, stärkt den Glauben daran, dass Sie das Ziel erreichen und steigert deutlich die Motivation. Darum sollten Sie bei großen Herausforderungen und Problemen den eigenen Erfolg visualisieren, anstatt sich von vorneherein negativen Bildern hinzugeben. Mit einer optimistischen Einstellung kommen Sie Ihrem Ziel ein ganzes Stück näher. Visualisierung funktioniert als Erfolgsstütze, wenn Sie folgendes verinnerlichen:

- **Schaffen Sie ein klar definiertes Ziel**

Visualisierung gelingt, wenn Sie ein klares, genau umrissenes Ziel vor Augen haben. Der Gedanke „ich möchte erfolgreich sein" reicht dazu nicht aus. Er ist nicht konkret genug und viel zu schwammig. Besser ist es, wenn Sie klar und deutlich die Zielsetzung formulieren. „Ich will diesen besser dotierten Job haben.", „Ich möchte im Monat 500 Euro mehr verdienen.", oder „Ich bin bereit, mehr Personalverantwortung zu übernehmen und Projekte voranzutreiben."

Fassen Sie das gewünschte Ziel in so wenigen Worten zusammen, wie möglich. Je knapper und prägnanter, desto besser. Nutzen Sie dafür knackig kurze Sätze, die es genau auf den Punkt bringen.

- **Schaffen Sie passende Bilder dazu**

Versuchen Sie im zweiten Schritt geeignete Symbole und Bilder zu finden, die Sie für die Visualisierung einsetzen können. Für den besser dotierten Job können Sie sich den neuen Arbeitsvertrag vorstellen oder das mehr an Geld, das auf Ihrem Kontoauszug erscheint, wenn die Gehaltserhöhung das erste Mal ausgezahlt wird.

Je stärker, intensiver und aussagekräftiger die Symbole und Bilder ausfallen, desto besser funktioniert die Visualisierung.

- **Versuchen Sie, die damit verbundenen Emotionen zu fühlen**

Neben den Bildern sollten Sie sich in die dabei entstehenden Emotionen hinein gleiten lassen. In Ihrer Vorstellung malen Sie sich einfach aus, wie glücklich Sie werden, wenn Sie das gewünschte Ziel erreicht haben. Stellen Sie sich vor, wie erleichtert und stolz Sie sind, und dass sich die Mühe gelohnt hat.

Wenn Sie die Gefühle nachempfinden können, obwohl Sie das Ziel noch nicht erreicht haben, erlangen Sie die Motivation dafür, noch härter an der Zielerreichung zu arbeiten.

- **Veranschaulichen Sie die genauen Schritte, um das Ziel zu erreichen**

In einem weiteren Step geht es darum, den Weg zu visualisieren, der zur Erreichung des Ziels vor Ihnen liegt.

Welche Schritte müssen Sie gehen, um Ihr Ziel zu verwirklichen? Was brauchen Sie dafür? In welcher Reihenfolge müssen Sie vorgehen?

Wenn Sie einen klaren Plan haben, bringt das viele Vorteile mit sich. Sie haben eine genaue Marschrichtung und können bei der Visualisierung jeden einzelnen Schritt detailliert durchgehen. Halten Sie sich vor Augen, wie Sie die nächste Stufe erreichen, um am Schluss ans Ziel zu gelangen.

Stillstand und Frust durch Visualisierung

Fast ausschließlich wird Visualisierung als positiver Aspekt gesehen und als kluge Entscheidung verkauft. Von den negativen Bildern, die Probleme bereiten können, wird selten gesprochen. Vielmehr wird das Bild suggeriert, dass Sie sich in Ihrer Vorstellungskraft ein Bild davon erzeugen sollen, wie Sie etwas erreichen und bewerkstelligen. Damit werden Sie es schaffen. Diese und ähnliche Aussagen sollten aber kritisch beäugt werden. Veranschaulichen und Sichtbarmachen kann auch nach hinten losgehen und genau das Gegenteil bewirken.

Durch das genaue Bild, was Sie sich über die Zielerreichung machen, geraten Sie in eine Tretmühle ohne Ausgang. Sie bleiben auf der gleichen Stelle stehen und erreichen Ihr Ziel nicht. Dieser Kreislauf führt dazu, dass Sie frustriert sind.

Schuld an dieser Misere ist auch der Effekt der Visualisierung, der eigentlich zu einem positiven Resultat führen soll.

Je nachdem, wie stark Sie das erfolgreiche Bild oder das jeweilige Vorhaben verinnerlichen, umso ausgeprägter wird der Glauben an den Erfolg. Es erfolgt eine immense Beeinflussung der Gedanken und Emotionen. Sie haben eine ganz genaue Vorstellung von den Auswirkungen des Ziels wie beispielsweise der Beförderung, malen sich das neue Aufgabenfeld in allen erdenklichen Facetten aus, freuen sich über die Verantwortung, die Sie ab diesem Zeitpunkt tragen und natürlich über die bessere Bezahlung. Das mehr an Geld erlaubt Ihnen, endlich besondere Wünsche in die Tat umzusetzen.

Die Visualisierung bereitet Ihnen ein gutes, positives Gefühl und Zufriedenheit stellt sich ein. Vorsicht! Der Feind, der sich darin versteckt, verhindert, dass Sie tatsächlich Schritte unternehmen, um das Ziel zu erreichen. Die Gedanken verbreiten so ein gutes Gefühl, auf dem Sie sich ausruhen. Den wirklichen Handlungsbedarf für die Zielerreichung haben Sie nicht mehr präsent auf dem Schirm. Damit kommen Sie Ihrem Ziel aber nicht näher, sondern betrügen sich selbst. Sie leben in einer scheinbar fantastischen Illusion.

Positives Sichtbarmachen und Veranschaulichen geht auch mit Frust und Enttäuschungen einher, gerade wenn Sie die Feststellung machen, dass Ihre gedanklichen Bilder weit weg von der Realität sind.
Im realen Leben sieht es trotz erfolgreichem, mentalem Umsetzen anders aus und entspricht in keinster Weise Ihren Vorstellungen. Aus Freude entsteht ganz schnell Ernüchterung.

Visualisierung in der Meditation einsetzen

Das Sichtbarmachen und Veranschaulichen kommt in der Meditation zum Einsatz und soll bei der Erfüllung Ihrer eigenen Wünsche helfen. Damit dieses gelingt, müssen Sie zur Ruhe kommen und in einen Zustand völliger Entspannung gelangen. Um das zu erreichen, kommen vielfach unterschiedliche Entspannungsmethoden wie Yoga, Atemübungen, Mantra oder einfaches Zählen zum Einsatz. Durch die hohe Konzentration auf Ihren Körper gelangt das Bewusstsein auf ein besonderes Niveau, das auch als Alpha-Level bezeichnet wird. Dieser Zustand verlangsamt im Gehirn die Aktivitäten der Neuronen. Wenn diese Situationen eingetreten sind, können Sie in fünf Schritten den Start der Visualisierung beginnen. Die fünf Schritte des Sichtbarmachens und Veranschaulichens gestalten sich wie folgt:

1. Stellen Sie Illusionen her

Konstruieren Sie einen Film aus Ihrer Illusion. Das funktioniert besser als nur ein Bild. Dabei schaffen Sie eine Umgebung und erzeugen mit Menschen, die durch Unterhaltungen und Gesten miteinander interagieren.

2. Nehmen Sie die Ich-Perspektive ein

In Ihrem Film sollten Sie die Hauptrolle spielen, als erste Person handeln und die Dinge anpacken. Es sind Ihre eigenen Wünsche, Ideen, Gedanken, Träume und Illusionen.

3. Beziehen Sie alle Ihre Sinnesorgane ein

Sie haben fünf Sinnesorgane, die Sie in den Prozess der Visualisierung einbeziehen müssen. Darum sollten Sie mit Ihren Sinnen Geräusche, Oberflächen, Gerüche, die Umgebung und den Geschmack wahrnehmen und auf sich wirken lassen.

4. Halten Sie zur Erinnerung ein Bild fest

Suchen Sie sich ein Bild aus und speichern Sie dieses ab. Es dient als Anker und kann immer, wenn es notwendig ist, ins Gedächtnis gerufen werden.

5. Einbeziehung in den Alltag

Binden Sie den Prozess der Visualisierung in das alltägliche, gewohnte Leben mit ein und versuchen Sie, die Vorfreude auf die Wunscherfüllung aufrechtzuerhalten.

Vision Board: tolle Möglichkeit für die Zielerreichung

Ein Vision Board ist nichts anderes als eine Zielcollage, mit der Sie die Visualisierung unterstützen. Wer seine Träume, Wünsche, Visionen und Ziele immer im Blick hat, erhält andauernd eine Erinnerung daran, was erreicht werden möchte, ohne sich böse zu verzetteln. Die Traumcollage oder Zivilcollage ist ein Bild, wo Sie mit Bildern, Affirmationen und Stichworten die eigenen Ziele darstellen. Sie sollen dabei helfen, Motivation bereitzustellen und die Dinge zu verwirklichen. Ein Vision Board lässt sich in drei Schritten problemlos selbst erstellen.

Lassen Sie sich von Ihrer Traumcollage inspirieren und beflügeln

Mit Visualisierung lassen sich enorme Kräfte freisetzen. Das wird auch durch zahlreiche Studien belegt, die über die Jahre durchgeführt wurden. So haben Sportler beim Krafttraining im Fitnessstudio beispielsweise 30 Prozent mehr Muskelmasse zugelegt, wenn sich das Resultat vor Augen geführt wurde und während des Trainings im Kopf präsent war.

Was bei Sportlern mit dem Bodybuilder-Poster funktioniert, hat die gleiche Wirkung auch in allen anderen Bereichen. Ihr eigenes Vision Board lässt sich natürlich ein wenig professioneller und komplexer gestalten. Was Sie dafür brauchen, ist nicht viel, da Ihre persönliche, individuelle Traumcollage bereits mit 3 Schritten fertiggestellt ist:

1. Ideen sammeln und planen

Zuerst brauchen Sie für die Zielcollage eine Sammlung an Ideen, die als Grundlage dienen. Vergleichen können Sie das Zusammentragen von Ideen, Wünschen und Zielen mit einem Brainstorming, bei dem Sie sich zuerst Ihre Ziele bewusst machen, sie definieren, sortieren und priorisieren. Damit bringen Sie in die bisherige Stoffsammlung Struktur. Während dieses Prozesses ergeben sich folgende Kernfragen:

- welche Dinge sind Ihnen wirklich wichtig?
- welches Ziel möchten Sie erreichen?

Ihre Ziele müssen sich nicht zwangsläufig auf Ihren Job beziehen, sondern können durchaus auch privater Natur sein, wenn Sie Ihr Lebensziel sichtbar machen wollen. Sinnvoll ist daher eine Unterteilung der beiden großen Fragen in kleine Teilbereiche:

- welches wissen möchten Sie sich noch aneignen?
- welche Fähigkeiten möchten Sie noch erlernen oder ausbauen?
- was möchten Sie schaffen bis Sie 30, 40, 50 oder 60 Jahre alt sind?
- was für Ziele haben Sie für Ihren Körper?
- welche Dinge möchten Sie für Gesundheit und Fitness machen?
- in welche Städte oder Länder möchten Sie noch reisen?
- welche Hobbys möchten Sie ausbauen und weiterhin pflegen?

Aus den Antworten auf diese Fragen kristallisieren sich Schwerpunkte heraus. Sie müssen nicht zwingend auf ein Vision Board, sondern können auch auf mehrere Collagen verteilt werden, die die gleiche Zielrichtung verfolgen. Sind es zu viele Ziele in allen Bereichen, basteln Sie eine Traumcollage für Job, Privat, Sport, Hobby und Reisen.

Erstellen Sie auch ein Vision Board mit kurzfristigen Zielen wie beispielsweise den geplanten Urlaub dieses oder nächstes Jahr, der schon lange auf Ihrer Wunschliste steht.

2. Mit Ziele formulieren und visualisieren ein Vision Board erstellen

Bisher haben Sie eine Liste beziehungsweise eine Mind-Map angefertigt. Jetzt geht es um das Umsetzen und Veranschaulichen Ihrer individuellen Wünsche. Dafür nutzen Sie Stichworte, Sinnsprüche, Zitate von klugen Köpfen, Merksätze, Skizzen, Fotos und Bilder. Suchen Sie sich Bilder und Fotos heraus, die eine Symbolwirkung haben und später mit denselben Gedanken verbunden werden können. So können Sie Ihre Ziele in einer absoluten Klarheit definieren. Dieses inspiriert und spornt Sie enorm an.

Die sogenannte SMART-Methode hat sich dafür bewährt. Das Akronym wurde bereit 1956 entwickelt und bedeutet:

- **S**pezifisch – Beschreiben Sie Ihre Ziele so genau wie möglich
- **M**essbar – nutzen Sie messbare Fakten zur Orientierung
- **A**ttraktiv – Planung so gestalten, dass Sie Lust an der Umsetzung haben
- **R**ealistisch – Nehmen Sie sich nur Dinge vor, die realistisch und machbar sind
- **T**ermingerecht – Planen Sie Ihre Ziele mit zeitlicher Bindung für die Erfüllung

Als Symbolfotos können eigene Bilder verwendet werden. Genauso gut sind Postkarten oder ausgeschnittene Bilder aus Katalogen und Zeitschriften sowie heruntergeladene Bilder aus dem Internet. Wenn Sie letztere nur für den privaten Gebrauch verwenden und nicht öffentlich machen, gibt es auch keine Probleme mit dem Copyright. Nutzen Sie schöne, ansprechende Bilder, die Ihre Fantasie beflügelt und eine positive Wirkung auf Ihre Gefühle haben.

3. Gestalten Sie Ihr individuelles Vision Board

Um die Traumcollage anzufertigen, brauchen Sie jetzt nur noch eine Unterlage. Dafür können Sie einen Fotokarton, eine Korkplatte oder einen nicht genutzten Bilderrahmen verwenden. Haben Sie die Unterlage, Klebstoff und Faserschreiber zusammen, können Sie mit dem Basteln beginnen und Ihrer Kreativität freien Lauf lassen. Es ist Ihre eigene Entscheidung, ob Sie die Unterlage im Hoch- oder Querformat verwenden, Sinnsprüche, Fotos, Bilder, Textausschnitte und Schlagworte anordnen.

Entscheidend ist das Gesamtkunstwerk, das aus Ihren Wünschen, Ideen, Visionen und Zielen entsteht.

Suchen Sie sich einen besonderen Platz zum Aufhängen, wo Sie täglich vorbeigehen und auf die Zielcollage schauen können. Vielleicht haben Sie Platz über Ihrem Schreibtisch, im Flur, in der Küche oder im Wohnzimmer über den Fernseher.

Von Ihrem persönlichen Vision Board können Sie auch ein Foto machen und als Bildschirmhintergrund verwenden. Genauso lässt sich die Traumcollage mit Keynote, PowerPoint oder Photoshop erstellen.

Tipp: Wird das Vision Board im Querformat erstellt, lässt sich die Unterlage bequem auch in drei Spalten unterteilen. Die linke Seite nutzen Sie für kurzfristige Vorhaben und Ziele, die Sie innerhalb eines geringen Zeitfensters realisieren können. In der Mitte werden mittelfristige Ziele positioniert, die Sie beispielsweise innerhalb des aktuellen Jahres umsetzen. Das könnte beispielsweise eine Weiterbildung oder der Traumurlaub sein. In der rechten Spalte, ganz rechts außen kommen die großen Träume und Lebensziele hin, die Sie in den nächsten Jahren realisieren wollen.

Durch die Aufteilung in kurz-, mittel- und langfristig ergibt sich ein toller Gesamtüberblick. Das Plakat lässt sich immer wieder überarbeiten und mit neuen Zielen ausstatten, wenn eines oder mehrere verwirklicht wurden.

Mit Visualisierung mentale Stärke erlangen

Von mentaler Stärke haben Sie bestimmt schon gehört, genauso wie von Mentaltraining. Doch was genau ist das? Wie wird es angewendet und in welcher Verbindung steht es mit Visualisierung?

Mentale Stärke ist die Kraft der Gedanken, mit denen Sie Ihr Leben positiv verändern. Ganz gleich, ob Sie abnehmen, bessere Leistungen im Sport oder mehr Selbstbewusstsein erlangen möchten – mit Mentaltraining geben Sie Ihren Gedanken den perfekten Anstoß in die richtige Richtung und nehmen positiven Einfluss auf alle Lebensbereiche sowie das körperliche Wohlbefinden. Klingt das nicht hervorragend?

Was ist mentales Training?

Folgendes Zitat trifft den Nagel auf den Kopf:

Zitat:

„Als Mentales Training oder Mentaltraining wird eine Vielfalt von psychologischen Methoden bezeichnet, welche das Ziel verfolgen, die soziale Kompetenz und die emotionale Kompetenz, die kognitiven Fähigkeiten, die Belastbarkeit, das Selbstbewusstsein, die mentale Stärke oder das Wohlbefinden zu fördern oder zu steigern."
Wikipedia

Um das Ziel zu erreichen werden auf gedanklicher Ebene wiederholt gezielte Reize in Form eines Trainings eingesetzt, um eine verbesserte Wirkung auf geistiger, körperlicher und emotionaler Ebene zu erreichen.

Im Klartext bedeutet das: Alle Dinge, die Sie sich gedanklich vorstellen können, können Sie in der realen Welt auch umsetzen und damit Ihr Leben verändern. Im Besonderen steht mentales Training in enger Verbindung mit dem eigenen Verhalten, mit dem, was Sie machen und tun.

Wenn Ihr Inneres eher schüchtern, ängstlich und schwach ist, werden Sie in der echten Welt nicht als mutige, selbstbewusste Persönlichkeit wahrgenommen. Damit ist eigentlich klar, dass Ihre äußere Welt durch Ihre inneren Gedanken bestimmt wird.

Indem Sie Ihre Denkweise mit mehr Selbstbewusstsein, mehr Kraft und mehr positiver Ausstrahlung ausstatten, wird sich in der Realität mehr Erfolg, mehr Wohlbefinden und mentale Stärke entwickeln.

Mentale Stärke hat enorm viel positive Energie im Gepäck und wird gleichzeitig als Sammelbegriff für verschiedene einzelne Fähigkeiten und Eigenschaften verwendet. Gebündelt ergeben sie eine enorme innere Kraft. Bei mental starken Menschen finden Sie folgende Eigenschaften:

- Niederlagen und Rückschläge werden als Hinweis, Denkanstoß, Lernprozess oder Ermahnung gesehen
- in schwierigen Situationen verlieren sie nie das Ziel aus den Augen
- auf Widrigkeiten reagieren sie mit Willenskraft und Willensstärke
- der Kopf wird nicht bei jeder Kleinigkeit in den Sand gesteckt
- sie verfügen über eine enorm hohe Frustrationsgrenze

Mental starke Menschen besitzen eine gesunde Mischung aus Optimismus, Selbstvertrauen, Selbstbewusstsein, Durchhaltevermögen, Zuversicht, Disziplin, Unabhängigkeit, Selbstverantwortung Willensstärke, Frustrationstoleranz, mentale Stärke und haben damit alle Grundvoraussetzungen für ein allgemein besseres Leben und mehr Erfolg. Mental starke Menschen haben Ziele. Durch eine regelmäßig durchgeführte Selbstreflexion erkennen und beseitigen sie im Vorfeld Hindernisse, die bei einem neuen Anlauf die Zielerfüllung boykottieren könnten. Sie stellen sich jetzt garantiert die Frage, ob Sie diese Eigenschaften besitzen. Finden Sie es doch heraus!

13 Indizien, um mentale Stärke zu identifizieren

Es gibt eine ganze Reihe von Indizien, mit denen Sie Ihre eigene mentale Stärke herausfinden können. Anhand der folgenden 13 Anzeichen lässt sich feststellen, wie es um Ihre mentale Stärke bestellt ist. Je mehr Punkte auf Sie zutreffen, desto wahrscheinlicher ist es, dass Sie über eine hohe mentale Stärke verfügen und sich damit von der Masse abheben.

1. Sie schaffen eine rationale Bewertung von starken Emotionen!

Starke Emotionen werden sofort nach Eintreten rational bewertet. Sie reflektieren die Empfindungen und nehmen eine Bewertung mit ihrem Verstand vor. Dadurch kontrollieren sie die Impulse, lassen sich von den Gefühlen nicht den Teppich unter den Füßen wegziehen und erreichen emotionale Stabilität.

2. Sie kennen Ihre Ängste und machen sich diese bewusst!

Sie haben sicherlich nicht weniger Angst als andere Menschen. Allerdings begegnen sie ihr bewusst und erreichen damit, dass sie durch ihre Ängste weniger ausgebremst und blockiert werden. Durch das Bewusstmachen der Ängste finden Sie den Auslöser heraus. Die Sorgen, die sie sich machen, sind unbegründet und genau das sollten sie auch bleiben.

3. Sie verbiegen sich nicht, um es allen recht zu machen!

Einen wichtigen Fakt sollten Sie dabei kennen: Mitmenschen respektvoll und liebenswürdig behandeln und es allen Recht machen zu wollen sind zwei verschiedene Paar Schuhe. Mit Recht machen wollen, bewegen sie sich in gesellschaftlichen Normen, damit sie nicht auffallen oder anecken. Sie verbiegen sich und stellen die eigenen Wünsche, Bedürfnisse und Ziele hinten an. Mental stark sind sie, wenn sie auch das kleine Wort „NEIN" verwenden und damit umzugehen wissen, auch wenn Sie auf Ablehnung stoßen.

4. Sie sind sich selbst genug und brauchen nicht unentwegt Gesellschaft und Ablenkung!

Menschen, die alleine sind, beschäftigen sich mit Ihren Gedanken, Gefühlen und setzen sich mit sich selbst auseinander. Sie sind sich selbst genug, brauchen keine Unterhaltung, Ablenkung und müssen nicht bespaßt werden. Mental starke Menschen empfinden eine tiefe Zufriedenheit in sich selbst. Bei ihnen gibt es eine enge Verbundenheit zwischen ihrer mentalen Stärke und ihrer Selbstliebe.

5. Sie bauen ihre Talente aus, ohne sich damit zu profilieren!

Menschen, die sich mit ihrem Können und mit dem, was sie haben profilieren, besitzen eine hohe Unsicherheit. Es wird von anderen erwartet, dass ihr zu Schau gestelltes Können und Tun immer wieder positiv bestätigt wird. Mental starke Menschen haben das nicht nötig, weil sie über ihr Können, Tun und Handeln Bescheid wissen und immer bestrebt sind, an sich zu arbeiten und sich weiterzuentwickeln.

6. Menschen mit mentaler Stärke kennen ihre Schwächen, akzeptieren diese und stehen dazu!

Menschen ohne Schwächen gibt es nicht. Also gibt es keinen Grund, warum man sich für die eigenen Schwächen schämen sollte. Mental Stärke bedeutet einen offenen Umgang mit den eigenen Schwächen. Auf der einen Seite wird kontinuierlich an ihnen gearbeitet oder es wird sich ein Wegbegleiter gesucht, der mit seinen Talenten und seinem Können einen Ausgleich zu den eigenen Schwächen schafft. In der Wissenschaft wird diese Art des Umgangs mit sich selbst als Selbstakzeptanz bezeichnet.

7. Die eigenen Werte haben eine hohe Priorität und dementsprechend wird das Leben ausgerichtet!

Entscheidungen von mental starken Menschen beruhen auf ihren eigenen Werten, nach denen sie ihr Leben ausgerichtet haben. Sie kennen die möglichen Konsequenzen und lassen sich durch andere Denkweisen und Lebenseinstellungen nicht verunsichern. „Wenn und Aber" haben keinen Einfluss auf ihre Entscheidungen. Der Charakter ist das Spiegelbild der Werte und erzeugt ein authentisches Bild der Persönlichkeit.

8. Sie haben ein ausgeprägtes Selbstwertgefühl und wissen genau, wer sie sind!

Das Selbstwertgefühl ist eine erfüllende Eigenschaft, die keinen Platz für Selbstzweifel lässt. Mental starke Menschen haben in ihrem Leben etwas erreicht und nicht vergessen, wer ihnen dabei geholfen hat. Stolz und Dankbarkeit ergeben ein enges Geflecht. Arroganz und Überheblichkeit können dieses nicht infiltrieren.

9. Dankbarkeit ist kein Fremdwort und wird offen zur Schau gestellt!

Dankbarkeit und mentale Stärke sind die Grundvoraussetzung für die Selbstbeherrschung. Es wird auf die Vorteile einer einmaligen Belobigung oder finanziellen Zuwendung verzichtet, weil das langfristige Ziel eine höhere Priorität hat. Dankbarkeit ist ein Zeichen von mentaler Stärke, mit der sie das Leben zufriedener und gesünder gestalten.

10. Fehler bieten ihnen ein großes Lernpotenzial!

Es gibt diese interessante Behauptung: „Aus Fehlern lernt man!". Wenn sie einmal den eigenen Umgang mit Fehlern und Niederlagen betrachten, wird schnell deutlich, dass sie nach Entschuldigungen und Erklärungen für den Fehler suchen. Mental starke Menschen gehen damit anders um. Sie sehen in Fehlern und Niederlagen eine große Chance, für die Zukunft eine Quintessenz daraus zu ziehen, daran zu arbeiten, zu lernen und andere Wege zu beschreiten, um das Ziel zu erreichen.

11. Sie übernehmen Verantwortung für Ihre Entscheidungen!

Wenn sie sich in Ihrem Umfeld umhören, begegnen sie vielen Menschen, die jammern und mit der momentanen Situation unzufrieden sind. Der Weg ist sehr bequem und erlaubt diesen Menschen, in ihrer vermeintlichen Komfortzone zu bleiben. Indem etwas gegen die Unzufriedenheit unternommen und über den Tellerrand hinausgeschaut wird, erfolgt bewusst das Herbeiführen von Veränderungen.

Mental starke Menschen akzeptieren Situationen, die nicht veränderbar sind und setzen den Hebel dort an, wo eine Veränderung möglich ist, um Zufriedenheit zu erlangen. Das gilt nicht nur im Beruf, sondern im gesamten Leben!

12. Sie sind ein Teil der Lösung und nicht der Kernpunkt des Problems!

Mit dieser Einstellung setzen Sie noch einen auf den zuvor aufgeführten Punkt darauf, weil Sie die tiefere Bedeutung erkannt haben. Indem Sie sich der momentanen Situation stellen und die Gelegenheit beim Schopf packen, lassen Sie nichts aus, um etwas zu verändern. Mit folgenden Worten ist es genau auf den Punkt gebracht:

Zitat: *„Wer etwas will, der findet Wege. Wer etwas nicht will, der findet Gründe."* Götz Werner (Gründer und Aufsichtsratsmitglied von dm-Drogeriemarkt)

13. Sie haben Freude an Ihren Erfolgen!

Menschen mit einer schwach ausgeprägten mentalen Stärke haben die Denkweise manifestiert, dass es nur einen Gewinner und einen Verlierer gibt.

Im Zweifelsfall sind sie die Verlierer. Die Gedanken sind durch Selbstzweifel, Verbitterung, Neid und Missgunst geprägt, wenn sie den Erfolg anderer Menschen sehen und sich ihrer vermeintlichen Niederlage bewusst werden. Einen großen Charakter und mentale Stärken zeigen sie, indem sie sich für und mit anderen über ihren Erfolg freuen. Mental starke Menschen können über sich selbst lachen, nehmen sich nicht zu ernst und genießen dabei eine besondere gedankliche Freiheit.

Wie viele Punkte treffen auf Sie zu? Alle! Prima! Dann haben Sie ein hohes Maß an mentaler Stärke. Sind es aber nur einige Punkte, ist Mentaltraining der richtige Schritt, um Ihre geistige Stärke zu verbessern.

Wer mental fit ist, erhält mehr Selbstachtung, mehr Selbstbewusstsein und steigert das Selbstwertgefühl. Es entsteht ein neuer Blickwinkel. Aus dieser Perspektive erkennen Sie Ihre Fähigkeiten und Eigenschaften, entwickeln Selbstakzeptanz und innere Kraft. Damit nehmen Sie sich nicht mehr so ernst und verlieren das Bedürfnis, die eigene Person ins rechte Licht zu stellen. Stress und Ängste vor Fehlern verlieren Gewicht.

Es stellt sich Zufriedenheit ein, weil Sie mental stark sind und einen guten Umgang mit sich selbst pflegen.

Das Rezept für mentale Stärke bei Extremsportlern

Das Erreichen eines großen Ziels im Extremsport wie Siege und Goldmedaillen setzt nicht nur körperliche Fitness voraus. Bevor Extremsportler sich der Herausforderung stellen, beginnen sie den Wettkampf in ihrem Kopf. Eine wichtige Eigenschaft, die Spitzensportler auszeichnet, ist mentale Stärke, der einen Grundpfeiler des Erfolgs darstellt. Sie stoßen genauso wie Sie an die mentalen Grenzen, haben Ängste und Sorgen, die es zu überwinden gilt. Das Rezept von Sportlern für mentale Stärke können Sie auch nutzen. Wollen Sie wissen, wie es funktioniert? Dann müssen Sie zuerst verstehen, was mentale Stärke für Extremsportler bedeutet.

Der amerikanische Sportler Andy Scott hat bei einem Interview mit dem Sport- und Lifestyle-Magazin „Greatist" dargestellt, welche Bedeutung für ihn mentale Stärke hat. Er gehört zu der Liga der Extremsportler bei Mountainbike-Rennen, macht sogenanntes „Skibergsteigen" und liebt die außergewöhnlichen Herausforderungen, die sein Sport mit sich bringt.

Mit Skiern besteigt er zuerst die höchsten US-amerikanischen Berge, um anschließend die steilen Pisten herunterzufahren. Skibergsteigen ist definitiv nichts für schwache Nerven!

Um sein Ziel zu erreichen, stellt er sich mit seinem ganzen Körper und seiner Willenskraft gegen die Widrigkeiten, die die Natur für ihn bereithält. Seine Willenskraft ist dabei der Endgegner, der darüber entscheidet, ob seine Aktivität zum Erfolg oder Misserfolg führt.

Mentale Stärke bedeutet für Andy Scott körperlich Schwächen einfach auszublenden. Er hat das Wissen darum, dass sein Körper mehr Leistung erbringen kann, auch wenn die Signale im Moment anders aussehen. Der Auslöser für Müdigkeit und Erschöpfung ist das Gehirn. Diese Signale sind ein Schutzmechanismus, obwohl der Körper durchaus noch in der Lage ist, größere Anstrengungen zu meistern. Um diesen Schutzmechanismus zu überwinden, müssen mentale Begrenzungen überschritten werden. Erst dann kann das gesamte Potenzial ausgeschöpft werden.

Mentale Stärke bedeutet demnach nichts anderes, als die momentane Herausforderung anzunehmen und das schlechte Gefühl durch ein gutes zu ersetzen.

Die Konzentration gehört ganz alleine dem guten Gefühl, das Sie sich als buntes, lebendiges Bild ausmalen. Diese Form von Visualisierung hilft dabei, alle anderen Dinge auszublenden.

Höchstleistungen lassen sich nur erbringen, wenn im ersten Schritt im Kopf eine Entscheidung getroffen und das passende Bild dazu bereitgestellt wird. Beim Überschreiten der Grenzen brauchen Sie mentale Stärke, die Sie mit Mentaltraining und Visualisierung erlangen können. Die große Kraft von Visualisierung und mentaler Stärke wird oftmals nicht gesehen.

Sie stellen sich jetzt sicher die Frage, wie der Traum und das Bild von einem Sieg zur Realität werden können. Eigentlich ist das ganz einfach und funktioniert sehr gut! Denn mit Visualisierung und Mentaltraining tricksen Sie Ihr Gehirn aus. Das Denklabor kann die durch Visualisierung erzeugten Bilder „NICHT" von der Wirklichkeit unterscheiden. Daher ist es völlig egal, ob Sie Ihre Gedanken trainieren, um positive Bilder zu erzeugen oder im echten Leben den Sieg holen. Das Ergebnis ist dasselbe.

Durch die Vorstellungskraft können Sie neue Erfahrungen und Ziele schaffen wie beispielsweise ein positives Erfolgserlebnis oder dass Sie den neuen Job bekommen haben und sich darüber riesig freuen. Im Denklabor werden die visualisierten Bilder Ihrer Gedanken abgespeichert, als ob Sie diese in der Realität erlebt hätten. Vielfach zeigt sich sogar, dass das Mentaltraining in unzähligen Bereichen besser funktioniert als das reale trainieren. Dazu gibt es sogar ein Experiment, das an einer amerikanischen High-School durchgeführt wurde. Dafür wurde die Basketball-Mannschaft in drei Gruppen unterteilt:

- Die erste Gruppe hat 2 Stunden täglich Körbe werfen geübt.
- Die zweite Gruppe übte täglich 30 Minuten Körbe werfen und führte zusätzlich für 30 Minuten ein Mentaltraining durch. Dabei wurde sich vorgestellt, dass jeder Ball im Korb landet.
- Die dritte Gruppe führte NUR das Mentaltraining jeden Tag durch.

Das Experiment ging über 3 Wochen. Nach diesem Zeitraum zeigte sich, dass sich Gruppe 1 beim Körbe werfen verbessert hat.

Die zweite Gruppe, die aktives und mentales Training kombiniert hat und die dritte Gruppe, die nur mental trainierte, erzielten eindeutig bessere Ergebnisse, obwohl das aktive Training in der Realität weniger intensiv war.

Die Wirkung des mentalen Trainings und die damit einhergehende Visualisierung können Sie in allen Lebensbereichen verwenden!

Die Macht der Gedanken – Irrglaube vs. Wissenschaft

Wie Ihnen der Sportler Andy Scott zeigt, ist die Macht der Gedanken so groß, dass selbst nur durch die Vorstellungskraft und die positiven Bilder, die Sie damit erzeugen, Grenzen überschritten werden können.

Doch was sagt die Wissenschaft zur Macht der Gedanken? Psychologen wissen, wie es mit der Macht der Gedanken aussieht. Erstaunlicherweise sind sich mittlerweile sogar Quantenphysiker einig darüber. Denn Gedanken haben eine messbare Schwingungsfrequenz, die sich je nach Art des Gedankens anders darstellt. Die Frequenz von positiven Gedanken ist anders als die von negativen! Erwiesen ist darüber hinaus, dass ähnliche Frequenzen eine gegenseitige Anziehungskraft haben.

Grundsätzlich bedeutet das nichts anderes, dass Ihre positiven Gedanken und die daraus entstehenden Bilder weitere positive Denkweisen und Visualisierungen hervorrufen. Bei negativen Gedanken funktioniert das genauso! Das Gesetz der Anziehung beruht auf positivem Denken und Visualisieren.

Es gibt zum Thema Anziehungskraft, positives Denken und Visualisieren einen tollen Film mit dem Titel „The Secret". Dort berichten berühmte Persönlichkeiten, wie sie mit ihrer Gedankenkraft außerordentliche Erfolge erzielt haben. Der Film zeigt, dass sie die Dinge in Ihr Leben holen, an die sie gerade denken. Bestimmt haben Sie ja schon selbst einmal die Kraft Ihrer Gedanken gespürt. Ein schönes Beispiel dafür sind Dinge, die in Ihrem Leben passieren, an die Sie gerade gedacht haben.

Gehen Sie vorsichtig mit der Kraft Ihrer Gedanken um. Sie kann genauso zum Irrglauben führen, dass sich alles von ganz alleine in Ihrem Leben manifestiert, wenn Ihr Glaube daran nur groß und stark genug ist. So funktioniert das nicht! Trotz der großen Kraft brauchen Gedanken Hilfe, die Sie mit pro-aktivem Handeln bereitstellen. Krempeln Sie die Ärmel hoch und machen Sie den Schritt. Sie werden wahre Wunder erleben.

Welche Arten von Mentaltraining gibt es?

Für das mentale Training gibt es eine ganze Reihe Möglichkeiten, die Sie nutzen können. Zu den bekanntesten Übungen gehören:

- Meditation
- autogenes Training
- Mantras und Affirmation
- Achtsamkeitsübungen
- Visualisierung

Die **Meditation** umfasst viele verschiedene Entspannungsübungen. Damit wird das Gehirn darauf trainiert, in die Gedanken Ruhe hineinzubringen und sie zu fokussieren. Sie konzentrieren sich auf Ihre Atmung und lassen zuerst einmal alle Gedanken fließen. Unterstützen lässt sich die tiefe Entspannung mit beruhigender Musik.

Autogenes Training ist auch ein Entspannungsverfahren und beruht auf Autosuggestion. Um eine tiefe Entspannung zu erzeugen, kommen bestimmte Sätze zum Einsatz, die Sie in Gedanken durchgehen. Sie entspannen und stärken den Körper gleichzeitig.

Bei **Mantras und Affirmation sprechen** Sie laut oder in Gedanken immer wieder positive Sätze oder Worte aus. Damit ergibt sich ein positives Selbstbild, mentale Stärke, Selbstbewusstsein und ein gesteigertes Selbstwertgefühl.

Mit **Achtsamkeitsübungen** halten Sie Ihr Gedankenkarussell an und trainieren Ihre Gedanken darauf, dass sie sich nur auf EINE einzige Sache konzentrieren.

Visualisierung oder das Erschaffen von mentalen Bildern ist ideal, um sich bestimmte Situationen bewusst zu machen. In der bildlichen Darstellung zeigen Sie sich, was Sie in der Realität erleben möchten und malen Ihren Erfolg mit den schönsten, intensivsten Farben aus.

Die verschiedenen Übungen vermischen sich miteinander. Damit wird die Wirkung verstärkt und führt dazu, dass Sie eine positive Denkweise über sich selbst erhalten und mental gestärkt neue Ziele verfolgen. Nutzen Sie beispielsweise täglich die Meditation, einige Achtsamkeitsübungen und die Visualisierung.

Möchten Sie Verhaltensweisen verändern oder Ziele erreichen, ist das Visualisieren der richtige Weg. Sie haben ja in Ihrer Gedankenwelt bereits das Ziel erreicht und genießen den Erfolg.

Genauso können Sie das im realen Leben.
Probieren Sie es aus. Es funktioniert!

Einsatzmöglichkeiten von Mentaltraining

Die Möglichkeiten des Einsatzes von mentalem Training sind schier unendlich und jederzeit möglich. Sie müssen nur den Willen haben, sich auf diese besondere Form des zu sich selbst finden einlassen. Mentaltraining ist hilfreich:

- **beim Sport**, damit Sie Ihre sportliche Leistung steigern und die Chancen auf einen Sieg verbessern
- beim Aufbau von innerer **Stärke und mehr Selbstbewusstsein**. Sie erzeugen positive Bilder von sich selbst, wo Sie in verschiedenen Situationen selbstbewusst und stark auftreten
- gegen **Stress**, weil mentales Training zu den Entspannungsmethoden gehört und Ihnen die Möglichkeit gibt, zur Ruhe zu kommen
- beim **Überwinden von Ängsten**, weil Sie Ihre Ängste genauer betrachten, die Ursachen herausfinden und konstruktiv daran arbeiten
- beim **Gewichtsverlust**, da Sie alte Gewohnheiten ablegen und neue manifestieren

- bei **Lampenfieber**, weil Sie in Ihrem Kopf den perfekten Auftritt trainieren und eine genaue Vorstellung Ihres großen Auftritts haben
- um die Gesundheit zu unterstützen. Viele Krankheiten haben einen psychosomatischen Ursprung, entstehen durch Ihre Gedanken und sind damit mental beeinflussbar
- um schöne Bilder im Kopf zu erzeugen und endlich **positiv zu denken**. Durch Visualisierung konzentrieren Sie sich auf ein positives Ergebnis und erzeugen entsprechende Bilder. Damit sorgen Sie für mehr Freude und ziehen automatisch das Glück an
- um die **Beziehung zu verbessern**. Ihr eigenes Verhalten beeinflusst auch Ihren Partner und die Menschen in Ihrem Umfeld. Durch Mentaltraining lernen Sie achtsamer zu werden und einen respektvollen Umgang zu pflegen.

Damit Sie eine Vorstellung bekommen, wie Sie mentales Training einsetzen, erhalten Sie nachfolgend neun konkrete Anwendungsbeispiele:

1. Brechen Sie mit Mentaltraining im Sport alle Rekorde

Der Sport ist ein klassisches Einsatzgebiet für Mentaltraining und wird nicht nur von Profisportlern, sondern auch von semiprofessionellen und Hobbysportlern genutzt, um sich mental auf die anstehende Herausforderung einzustellen. Durch die Kraft der Visualisierung unterstützen Sie auf geistiger Ebene das körperliche Training oder Sie stellen sich bei Wettkämpfen vor Ihrem inneren Auge den einzigartigen Sieg vor.

Ihrer Fantasie können Sie freien Lauf lassen. Stellen Sie sich vor, wie Sie mehr Gewicht beim Hanteltraining verwenden, ein unglaubliches Tor schießen, Ihre Rekordzeit beim Laufen verbessern, beim Schach einen ebenbürtigen Gegner haushoch besiegen und beim Yoga eine komplizierte Stellung schaffen. Sehen Sie sich auf dem Siegerpodest mit dem Pokal und stellen Sie sich vor, wie Sie Ihren Sieg feiern.

Hinweis: Auch wenn die Möglichkeit besteht, nur mit Mentaltraining die körperliche Fitness zu verbessern, werden Sie damit keine Muskeln aufbauen und einen definierten, muskulösen Körper bekommen. Dafür brauchen Sie schon regelmäßige Trainingseinheiten.

Mentales Training bietet aber den Vorteil, dass Sie mit Spaß und Freude trainieren, weil Sie schneller Erfolge sehen. Los geht es mit mentalem Training und anschließend zum aktiven Training!

2. Pushen Sie Ihr Selbstbewusstsein und stärken Sie sich auf mentaler Ebene

Mehr Selbstbewusstsein und innere Stärke erlangen Sie mit Visualisierung, wenn Sie sich in Ihren Gedanken konkrete Situationen vorstellen, in denen Sie selbstbewusster und sicherer auftreten möchten. Beispielsweise bei einem Gespräch mit dem Chef wegen einer Gehaltserhöhung, bei der nächsten Präsentation und beim Ansprechen von Menschen, die Sie interessieren. Nutzen Sie für das Veranschaulichen eine Situation aus der Vergangenheit, wo Sie selbstbewusst aufgetreten sind. Das ins Gedächtnis rufen des positiven Erlebnisses ist sehr wirkungsvoll, wenn Sie sich dabei an das gute Gefühl erinnern, das Sie damals empfunden haben. Genau dieses positive, gute Gefühl übertragen Sie auf zukünftige Situationen und malen sich aus, wie Sie bei diesen Situationen selbstbewusst handeln werden.

Hinweis: Auch wenn Sie auf Anhieb keine solche Situation finden, wird es diese mit Sicherheit in Ihrem Leben geben.

Manchmal sind es nur Kleinigkeiten, die nicht sofort präsent sind. Treten Sie in Aktion, gehen Sie hinaus ins reale Leben und probieren Sie Ihr neues Selbstbewusstsein und Ihre mentale Stärke aus. Gehen Sie langsam und mit Bedacht vor und fangen Sie mit kleinen Schritten an, bevor Sie Ihrem Chef sagen, dass Sie die Gehaltserhöhung verdient haben und der bessere Mitarbeiter für die neu zu besetzende Position sind.

3. Mentaltraining als ultimativen Stresskiller einsetzen

Im Alltag gibt es eine ganze Reihe Aufgaben, die Sie zu erledigen haben. Neben dem Job sind da noch die Familie, Eltern und Freunde sowie wichtige private Termine. Der Tag hat aber leider nur 24 Stunden und Sie brauchen nun einmal auch eine gewisse Zeit zum Schlafen und Ausruhen, um neue Energie zu tanken. Alles unter einen Hut bringen erzeugt Stress. Wussten Sie, dass Stress in Ihrem Kopf entsteht? Die Art, wie Sie über Ihre Situation denken ist Auslöser dafür, ob Sie sich überfordert und gestresst fühlen oder nicht.

Mentales Training hilft Ihnen dabei, Ihre Situation aus einer anderen Perspektive zu betrachten und zu entspannen, sodass Ihre Gedanken zur Ruhe kommen. Bei einer regelmäßigen Anwendung des Mentaltrainings werden Sie merken, dass Sie ganz automatisch gelassener werden und sich nicht mehr gestresst fühlen. Es gibt sogar spezielle Übungen, um gezielt Gelassenheit zu trainieren.

Hinweis: Um Stress abzubauen und gelassener zu werden müssen Sie nicht aktiv werden, sondern dürfen genau das Gegenteil machen. Ziehen Sie sich für einen Moment von den stressigen Situationen zurück und suchen Sie sich einen ruhigen Ort zum Meditieren und machen Sie einfach gar nichts! Machen Sie sich keine Gedanken darüber, dass Sie kostbare Minuten verschenken, auch wenn Ihre To-do-Liste voll mit Aufgaben ist. Durch die kleine Auszeit gehen Sie entspannter an die Erledigung der wartenden Aufgaben heran. Sie sind konzentrierter, arbeiten deutlich effektiver und haben alle Aufgaben schneller erledigt.

4. Überwinden Sie Ängste und werden Sie mutiger

Immer wieder empfinden Sie ein Gefühl von Angst, wenn bestimmte Situationen eintreten. Sehr viele Ängste entstehen in Ihrem Kopf, da Sie sich in Ihren Gedanken die schlimmsten Szenarien vorstellen und ein negatives, düsteres Bild heraufbeschwören. Die Denkweise und damit verbundene Visualisierung geschehen ganz unbewusst, weil eine bereits erlebte, bestimmte Situation dazu geführt hat, dass das Gehirn ein negatives Bild abgespeichert hat.

Mit Mentaltraining stellen Sie sich ganz bewusst den negativen Gedanken, die Ihnen Angst machen und versuchen diese neu zu konditionieren. Beim Visualisieren stellen Sie sich anstelle eines abstürzenden Flugzeugs den weißen Sandstrand mit Palmen und kristallklarem Wasser in der Karibik vor, den Sie sehen werden, wenn Sie aus dem Flugzeug steigen. Genauso können Sie verfahren, wenn Sie vor einer herrschsüchtigen, bösartigen Person Angst haben. Stellen Sie sich diese Person nackt vor oder ziehen Sie diesem Menschen gedanklich Ringelstrümpfe, eine schräge Sonnenbrille, ein Hawaiihemd und schrille Shorts an.

Damit rückt diese Person in ein ganz neues Blickfeld. Ihre Angst vergeht, weil die Dinge, die Ihnen Angst machen, in den Hintergrund treten.

Hinweis: Diese Art und Weise mit Ängsten umzugehen kommt aus der kognitiven Verhaltenstherapie. Mit der sogenannten Bewältigungsvorstellung konkretisieren Sie angsteinflößende Situationen und spüren auch das ängstliche Gefühl. Anschließend nutzen Sie verschiedene Bewältigungsstrategien, um Ihre Gedanken darauf zu trainieren, einen besseren Umgang mit Angstsituationen zu lernen.

5. Mit Mentaltraining leichter abnehmen und die Traumfigur erreichen

Visualisierung ist eine tolle Methode, um endlich abzunehmen und den Körper wieder in Form zu bringen. Sie kennen bestimmt den Trick mit dem Bild am Kühlschrank, das einen schlanken Körper mit definierten Muskeln zeigt. Am Anfang mag es eine gute Motivation sein, verliert aber bald seine Wirkung oder sorgt sogar dafür, dass Sie demotiviert sind. Es stellen sich negative Gefühle ein, weil Sie trotz Sport und Ernährungsumstellung noch keine wirklichen Resultate am eigenen Körper sehen.

Darum sollten Sie sich bei der Visualisierung kein Bild von einem schlanken, durchtrainierten Körper vorstellen.

Erzeugen Sie stattdessen ein Bild von Ihrem Verhalten und Ihrem Umgang mit sich selbst, wenn Sie das Wunschgewicht erreicht haben. Beispielsweise könnte das Bild so aussehen, wie leicht Ihnen der Sport fällt, wie sich Ihr Körper verändert hat, welche tollen Klamotten Sie sich jetzt kaufen können, wie gut Ihnen jetzt gesundes Essen schmeckt und wie Sie von anderen für Ihre Disziplin beneidet werden. Genauso können Sie die negative Visualisierung einsetzen, indem Sie Ihre Vorstellungskraft dafür nutzen, dass Ihnen beispielsweise von Süßigkeiten, Pizza, Pasta, Pommes Frites & Co. schlecht wird. Darüber hinaus können Sie sich vorstellen, dass Sie schlagartig 10 Kilo zugenommen haben, wenn Sie die gesunde Ernährungsweise nicht konsequent beibehalten.

Hinweis: Nur durch die Vorstellung werden Sie kein Gewicht verlieren. Wenn Sie sich allerdings das visualisierte Bild beim Essen ins Gedächtnis rufen, erreichen Sie ganz automatisch eine Veränderung des Essverhaltens und integrieren Sport in Ihren Alltag. Dabei ist ganz gleich, ob Sie ein positives oder negatives Bild mental erzeugen.

6. Mentales Training gegen Lampenfieber nutzen und den perfekten Auftritt abliefern

Sie müssen einen Vortrag vor der versammelten Mannschaft im Büro halten oder eine Hochzeitsrede vortragen. Schon seit Tagen haben Sie dieses schlechte Gefühl und Ihre Aufregung wird von Minute zu Minute mehr. Nutzen Sie in einer solchen Situation die Visualisierung. Schließen Sie die Augen und stellen Sie sich vor, wie Sie vor der Hochzeitsgesellschaft oder der gesamten Belegschaft auf der Bühne stehen und die beste Präsentation oder eine Weltklasse Rede abliefern. Genießen Sie den Applaus und die Gratulationen nach Ihrem gelungenen Auftritt.

Hinweis: Das Visualisieren ist kein Ersatz für eine gute Vorbereitung und Ausarbeitung einer Rede. Haben Sie sich viel Mühe gemacht, wird es Ihnen leichter fallen, die Nervosität und das Lampenfieber in den Griff zu bekommen.

7. Unterstützen Sie mental Ihre Gesundheit und denken Sie sich gesund

Viele Krankheiten entstehen durch die Psyche. Dieses belegen beispielsweise Placebo-Studien, wo Patienten mit Medikamenten behandelt wurden, die keine Wirkstoffe enthielten.

Erstaunlicherweise erzielten die Medikamente die gleiche Wirkung wie Präparate mit Inhaltsstoffen. Alleine durch das Denken, die Medikamente enthielten keine Wirkstoffe, verbesserte sich der Gesundheitszustand.

Wer krank ist, legt den gedanklichen Fokus auf die Krankheit. Es wird darüber geredet, Fachbücher gewälzt, im Internet nachgeschaut und täglich auf die Symptome geachtet. Bei der Visualisierung gehen Sie genau den entgegengesetzten Weg und stellen sich konkrete Situationen vor, die Sie angehen möchten, wenn die Gesundheit wiederhergestellt ist.

Hinweis: Visualisierung ist kein Ersatz für eine Behandlung durch den Heilpraktiker oder Arzt. Vielmehr hat sie eine unterstützende Wirkung bei einer ärztlichen Behandlung, um durch positiven Gedanken schneller wieder gesund zu werden.

8. Positiv denken und das Glück anziehen

Mit positiven Gedanken nehmen Sie großen Einfluss auf Ihr Leben, wenn Sie in der Lage sind, schöne, kraftvolle Bilder in Ihrem Kopf zu erzeugen.

Die positive Energie und Kraft, die dabei entsteht, lassen keinen Platz für negative Bilder übrig.

Was passiert bei negativen Gedanken? Sie beeinflussen das Leben negativ, rauben Ihnen Energie und machen Sie unglücklich, ängstlich und schwach. Ein ständiges Nachdenken über Sorgen, Probleme und negative Situationen aus längst vergangener Zeit rufen Bilder mit schlimmsten Szenarien hervor und zeigen Ihnen, was alles schiefgehen kann. Um glücklich zu sein und fröhlich durchs Leben zu gehen ist das keine gute Basis.

Mit Mentaltraining und Visualisierung schaffen Sie es, negative Gedanken gegen eine positive Denkweise auszutauschen. Indem Sie sich regelmäßig positive Erlebnisse bewusst machen, verändern Sie Ihre Gedanken ganz automatisch. Sie holen sich aus den Bildern Kraft und Energie, die einen positiven Einfluss auf Ihr ganzes Leben haben.

Hinweis: Verdrängen und ignorieren von negativen Gedanken ist keine gute Lösung. Die Übeltäter, die ein glückliches Leben beeinflussen, setzen sich in Ihrem Unterbewusstsein fest und belasten Sie trotzdem, auch wenn Sie gut versteckt in der hintersten Ecke liegen.

9. Den Traumpartner mit Visualisierung finden

Sie können die Vorstellungskraft nutzen, um sich mit gedanklichen Bildern eine glückliche, liebevolle und harmonische Beziehung zum Partner, Kind, den Schwiegereltern oder Arbeitskollegen vorzustellen. Es grenzt fast an ein Wunder, dass sich durch Ihre Vorstellungskraft das Verhalten anderen Menschen Ihnen gegenüber verändert.

Visualisierung und mentales Training hat Einfluss auf das direkte Umfeld, weil Sie durch Ihre positiven Gedanken mehr Selbstbewusstsein, mehr mentale Stärke und Selbstvertrauen gewinnen. Es steckt aber noch mehr dahinter! Durch die guten, positiven Bilder sehen Sie Ihr Umfeld mit anderen Augen und verbessern die Beziehung.

Hinweis: Ob Sie mit Visualisierung und mentalem Training Ihren Traumpartner finden oder den Ex-Partner zurückgewinnen kann funktionieren. Allerdings gibt es keine Garantie dafür. Durch das Visualisieren verändern Sie Ihre Denkweise, Gefühle, die Wahrnehmung und das eigene Verhalten. Das führt dazu, dass Sie Ihren Mitmenschen gegenüber ein anderes, positives Verhalten an den Tag legen. Unter diesen Menschen kann durchaus Ihr Traumpartner sein, der sich durch Ihre Positivität angesprochen fühlt.

Machen Sie sich bewusst, dass Visualisierung keinen Einfluss auf die Gefühle anderer Menschen hat und Sie mit positiven Gedanken keine Liebe heraufbeschwören können.

Probleme, die bei der Visualisierung auftreten können

Manchmal fällt es schwer, bei mentalen Übungen sich den eigenen Wunsch, einen Traum und ein Ziel in Bildern vorzustellen und positive Gedanken zu erzeugen. Damit Ihnen das gelingt, gibt es zwei mögliche Lösungen:

1. Sie brauchen weder einzigartige, selbstbewusste Erfahrungen, noch gigantische Erfolgserlebnisse, um zu visualisieren. Gehen Sie mit offenen Augen durchs Leben. Jeden Tag haben Sie hunderte von positiven Erlebnissen, auch wenn diese noch so klein sind. Sie stehen morgens auf, machen sich für den Tag fertig und bereiten sich Ihren ersten Kaffee zu. Damit haben Sie bereits drei kleine Erfolgserlebnisse. Sie gehen in den Supermarkt und fragen, wo Sie diesen Kaffee aus dem Angebot finden und werden freundlich von der Verkäuferin begrüßt und zum Verkaufsregal geführt. Wieder haben Sie einen kleinen Alltagserfolg gehabt. Diese kleinen Erfolge sind es auch wert, dass Sie sich ihrer bewusst machen. Das damit einhergehende positive Gefühl ist auf jede neue Situation übertragbar.

2. Wenn Ihnen wirklich keine positiven Erlebnisse in Ihrem Leben einfallen, können Sie sich das positive Gefühl einfach mental vorstellen. Was meinen Sie, wie es sich anfühlt, wenn Sie selbstbewusst, glücklich, gesund, schlank, stark und glücklich sind? Egal, was Sie erreichen möchten, stellen Sie sich einfach die Gefühle vor und erstellen Sie mental Bilder in den schillerndsten Farben.

Schritt-für-Schritt-Anleitung für optimales Mentaltraining

Bei den unterschiedlichen Techniken, die beim Mentaltraining eingesetzt werden, hat sich die Visualisierung, also das Erstellen von mentalen Bildern am effektivsten erwiesen, um schnell zu einem Ergebnis zu gelangen. Die Wirkung der mentalen Bilder wird Sie garantiert zum Staunen bringen.

Probieren Sie es aus! Sie werden erleben, wie sich Ihr Leben in kurzer Zeit positiv verändert.

Sie benötigen:

Ihren Kopf und einen Ort, an dem Sie etwas Ruhe haben. Das gilt zumindest am Anfang, wenn Sie mit mentalem Training und Visualisierung starten. Später gelingt Ihnen das Erzeugen von mentalen Bildern auch im überfüllten Bus oder bei einem Meeting.

Zeitlicher Aufwand:

Der zeitliche Aufwand ist abhängig davon, was Sie mit Visualisieren erreichen möchten. Wenn Sie bereits geübt darin sind, mentale Bilder hervorzurufen, brauchen Sie weniger Zeit als ein Anfänger. Am Anfang werden 15 bis 30 Minuten am Tag empfohlen, um die Wirkung der veränderten Denkweise zu spüren. Nach 2 bis 3 Wochen sind Sie in der Lage, mentale Bilder auch in fünf Minuten abzurufen. In diesem kurzen Zeitraum fehlt allerdings der wichtige Entspannungseffekt. Darum sollten Sie ruhig 10 bis 15 Minuten täglich zum Visualisieren nutzen und diese Zeit in Ihre Routinen integrieren.

Durchführung:

1. Suchen Sie sich einen bequemen Platz zum Sitzen und schließen Sie die Augen.

2. Konzentrieren Sie sich auf Ihre Atmung und atmen Sie ganz bewusst dreimal ganz tief ein und aus.

3. Stellen Sie sich in Ihren Gedanken ganz konkret eine bestimmte Situation vor, die exakt Ihren Wünschen und Träumen entspricht.

4. Erschaffen Sie dazu ein Bild, das möglichst deutlich, klar und lebhaft ist.

5. Achten Sie bei der Darstellung genau auf Details. Achten Sie genau darauf, wo Sie sind, wo Sie stehen, wohin Sie schauen, was Sie spüren und hören, wer noch in dem Bild ist, wie die Lichtverhältnisse sind, wie Sie reagieren und agieren Sie so, wie es Ihren Wünschen entspricht. Je lebendiger und realistischer die Visualisierung ist, desto größer ist die Wirkung.

6. Schalten Sie den inneren Kritiker aus. Er will Ihnen nur Steine in den Weg legen und Ihnen weiß machen, dass Sie das Ziel niemals erreichen. Es geht nicht darum, was in der Realität ist, sondern nur um Ihren Wunsch!

Tipp: Schauen Sie einmal genauer hin, ob Ihre Sicht auf die mentale Situation aus der Ich-Perspektive erfolgt. Wer richtig assoziiert, sieht sich selbst nicht, sondern nur die eigenen Füße, wenn der Blick nach unten gerichtet wird. Wenn Sie sich aber als Akteur in Ihrem Bild sehen, haben Sie ein dissoziiertes Bild erzeugt. Beide Varianten sind bei der Visualisierung im mentalen Training einsetzbar.

Fühlen Sie in sich hinein und spüren Sie, bei welcher Variante stärkere Emotionen entstehen. Diese Methode ist für Sie die Wirksamste.

Gedanken zu kontrollieren ist oftmals recht schwierig. Sie schweifen ab, sodass die mentalen Bilder wie eine Seifenblase zerplatzen. Selbst Menschen, die schon viele Jahre meditieren und die Visualisierung aktiv einsetzen, schaffen keine vollständige Kontrolle der Gedanken. Wer verbissen an das mentale Training und die Visualisierung herangeht, blockiert die Konzentration. Aus einem entspannten, lockeren Zustand fällt das Fokussieren deutlich leichter, weil Sie sich selbst nicht unter Druck setzen.

Die Gedanken können fließen und das gewünschte, positive Bild erzeugen, für dass Sie bereits die Vorlage gegeben haben. Konzentrieren Sie sich auf die jeweilige Übung und ärgern Sie sich nicht darüber, wenn die Gedanken abschweifen. Sobald Sie das erkennen, legen Sie den Fokus wieder auf die Übung. In Ihr gedankliches Chaos wird mit der Zeit automatisch Ruhe einkehren. Natürlich wird es auch Tage geben, an denen Ihnen viele Gedanken durch den Kopf gehen und wieder andere, an denen Sie sich sehr gut auf eine Situation konzentrieren können und dazu lebendige, positive Bilder erstellen.

Das gehört dazu und sollte ganz relaxt akzeptiert werden.

Wichtig! Kommen Sie in Bewegung, um die ganze Kraft und Energie der Visualisierung auszuschöpfen.

Mentale Möglichkeiten haben Grenzen

Mit Visualisierung und Mentaltraining wird sich erst etwas verändern, wenn Sie die in Ihren Gedanken erzeugten Bilder auch in die Tat umsetzen. Eine Goldmedaille bei den Olympischen Spielen gibt es nicht nur durch die mentale Vorbereitung auf den Wettkampf in der Kabine. Der Athlet muss hinaus ins Stadion gehen, gegen andere Sportler antreten und das Beste aus sich herausholen.

Mit Visualisierung und mentalem Training stellen sich kein Erfolg und keine Veränderung ein, wenn Sie sich ein erfolgreiches, glückliches Leben nur bildlich im Kopf auf Ihrem Sofa vorstellen. Es ist ganz gleich, was Sie erreichen möchten. Die Devise lautet: Sie müssen es machen und nicht nur davon träumen!

Mit dem Mentaltraining bekommen Sie eine gute Vorlage. Denn Ihren Gedanken sorgen dafür, dass Sie Ihr gewünschtes Ziel schneller und leichter erreichen. Darüber hinaus erhalten Sie durch Visualisierung die nötige Motivation, um endlich in Aktion zu kommen und das Vorhaben anzugehen.

Sie alleine müssen in Bewegung kommen, um den Erfolg in Ihren gedanklichen Bildern zur Realität werden zu lassen.

Visualisierung und Mentaltraining für mehr Selbstwertgefühl, Selbstbewusstsein und mentale Stärke

Selbstwertgefühl und Selbstbewusstsein sind eng miteinander verknüpft und stehen in direktem Zusammenhang mit der Selbsteinschätzung. Wenn Sie ein negatives oder falsches Bild von sich selbst haben, entstehen Gefühle wie Schwäche und Unfähigkeit. Selbstwertgefühl aufbauen gelingt Ihnen, indem Sie sich selbst Ihre Erfolge und Ihre Fähigkeiten sichtbar machen. Wichtig ist dabei, dass Sie eine positive Einstellung zu sich selbst erlangen.

Seien Sie sich im Klaren darüber, dass kein Urteil den Stellenwert einnimmt, als das eigene Urteil, das Sie über sich selbst fällen. Die eigene Beurteilung des Handelns und Tuns, die Selbstbewertung und Selbsteinschätzung wirken sich auf alle Lebensbereiche aus. Sie umfassen den Job, die Beziehung und wie mit Herausforderungen umgegangen wird.

Das Selbstwertgefühl verbindet Ihren Glauben an die Chancen und die Möglichkeiten sowie Herausforderungen untrennbar miteinander, denen Sie im täglichen Leben begegnen. Wenn Sie ein starkes Selbstwertgefühl besitzen und positive Bilder durch Visualisieren erzeugen, haben Sie die Möglichkeit, Ihr Leben und die Umwelt zu beeinflussen. Durch eine positive Vorstellungskraft und den damit einhergehenden Glauben an sich selbst versorgen Sie sich mit Kraft und Energie und können Berge versetzen. Die Bilder der Visualisierung zeigen Ihnen Ihre Träume, Wünsche und Ziele in schillernden Farben auf und helfen dabei, dass diese real werden.

Mentales Training verleiht Ihnen Energie und Stärke. Sie gehen besser mit Krisen und Herausforderungen um, weil Sie bereits in Ihrem Kopf ein positives Bild über den Ausgang erzeugt und verinnerlicht haben. Jeder Mensch erlebt in seinem langen Leben Niederlagen, Rückschläge, Misserfolge und stößt auf Ablehnung. Und jeder reagiert anders darauf. Es gibt solche Menschen, die widerstandsfähiger und robuster sind und mit Ängsten sowie Herausforderungen spielend fertig werden. Sie werden als Stehaufmännchen gesehen. Krisen, Rückschläge und beängstigende Situationen überstehen sie ohne Beeinträchtigung.

Nach kurzer Zeit sind sie wieder in Hochform und verfolgen ihr Ziel weiter. Sie führen sich immer wieder ihr Ziel vor Augen und malen dieses Bild mit lebendigen, lebhaften Farben in ihren Gedanken. Selbstmitleid und Selbstzweifel sowie negative Gedanken haben keine Chance. Sie haben gelernt, ihren Wünschen, Träumen und Zielen ein Gesicht zu geben, indem Sie Visualisieren. Ist das Bild fertig, setzen sie sich in Bewegung, um genauso wie in Ihren Gedanken das Ziel zu erreichen und den Erfolg zu feiern. Durch Mentaltraining und Visualisierung schaffen sie es, mehr zu erreichen und erfolgreich zu sein.

Sie können das auch! Erzeugen Sie in Ihren Gedanken durch Visualisierung positive Bilder. Sie eröffnen Ihnen eine neue Dimension und stärken Ihre Persönlichkeit. Durch Ihre veränderte Denkweise erleben Sie, welchen Einfluss Sie damit auf Ihre Umwelt haben. Ihr Umfeld spürt Ihre Veränderung und bewundert Sie dafür, dass Sie selbstbewusster sind und mehr Selbstvertrauen haben.

Mit Mentaltraining erlangen Sie mentale Fitness und Stärke. Sie sind das Fundament für ein zufriedenes, glückliches Leben. Zeigen Sie anderen ruhig, wie Ihre Ziele für die Zukunft aussehen und basteln Sie sich Ihr persönliches Vision Board.

Befestigen Sie darauf alle Ihre Ziele, die Sie für die Zukunft noch haben. Nutzen Sie Postkarten von Ihrem Traumreiseziel, Motivationssprüche und Schlagworte, um jedes einzelne Ziel darzustellen. Hängen Sie es gut sichtbar in Ihrer Wohnung auf, um neben dem Mentaltraining zusätzlich immer wieder an Ihre Ziele erinnert zu werden.

Schritt für Schritt kommen Sie Ihren Zielen näher. Sie erweitern Ihre Fähigkeiten, lernen achtsam mit sich selbst umzugehen und entwickeln Selbstvertrauen, weil Sie den Glauben haben, dass Sie alles schaffen können. Setzen Sie nach und nach die tollen Gedankenbilder in die Tat um. Die positiven Bilder geben Ihnen dafür die nötige Motivation.

Mit täglichem mentalem Training und Visualisieren fokussieren Sie Ihre Gedanken auf das Wesentliche und lassen sich nicht mehr von „Wenn und Aber" beeindrucken. Sie haben gedanklich den Weg zum Ziel festgelegt. Werden Sie aktiv und gehen Sie entspannt an die Verwirklichung der Ziele heran.

Leoni Herzig

Leoni Herzig

Wenn Sie mehr über sich und persönliches Wachstum lernen möchten, dann besuchen Sie doch gerne mal meine Autorenseite auf Amazon. (Einfach Leoni Herzig in die Amazon Suchmaske eingeben)

Um Blockaden zum Erfolg, der Gesundheit oder dem Privatleben zu lösen, habe ich hier noch einen Tipp für Sie.

Mir persönlich hat die **Mental Unabhängige Transformation** von **Silvia Sebald** sehr geholfen. *Wenn Sie mögen können Sie sich Ihre Seite unter folgendem Link einmal anschauen.*

https://bit.ly/2JcGzTH

Haftungsausschluss und Impressum

Der Inhalt dieses Buches wurde mit sehr großer Sorgfalt erstellt und geprüft.
Für die Richtigkeit, Vollständigkeit und Aktualität des geschriebenen kann jedoch keine Garantie gewährleistet werden.

Sowie auch nicht für Erfolg oder Misserfolg bei der Anwendung des gelesenen.
Der Inhalt des Buches spiegelt die persönliche Meinung und Erfahrung des Autors wider.
Der Inhalt sollte so ausgelegt werden, dass er dem Unterhaltungszweck dient.
Er sollte nicht mit medizinischer Hilfe verwechselt werden.

Juristische Verantwortung oder Haftung für kontraproduktive Ausführung oder falsches Interpretieren von Text und Inhalt wird nicht übernommen.

Autor: Leoni Herzig
vertreten durch:
MAK DIRECT LLC
2880W OAKLAND PARK BLVD, SUITE 225C
OAKLAND PARK, FL 33311
FLORIDA

Printed in Poland
by Amazon Fulfillment
Poland Sp. z o.o., Wrocław

71125124R00051